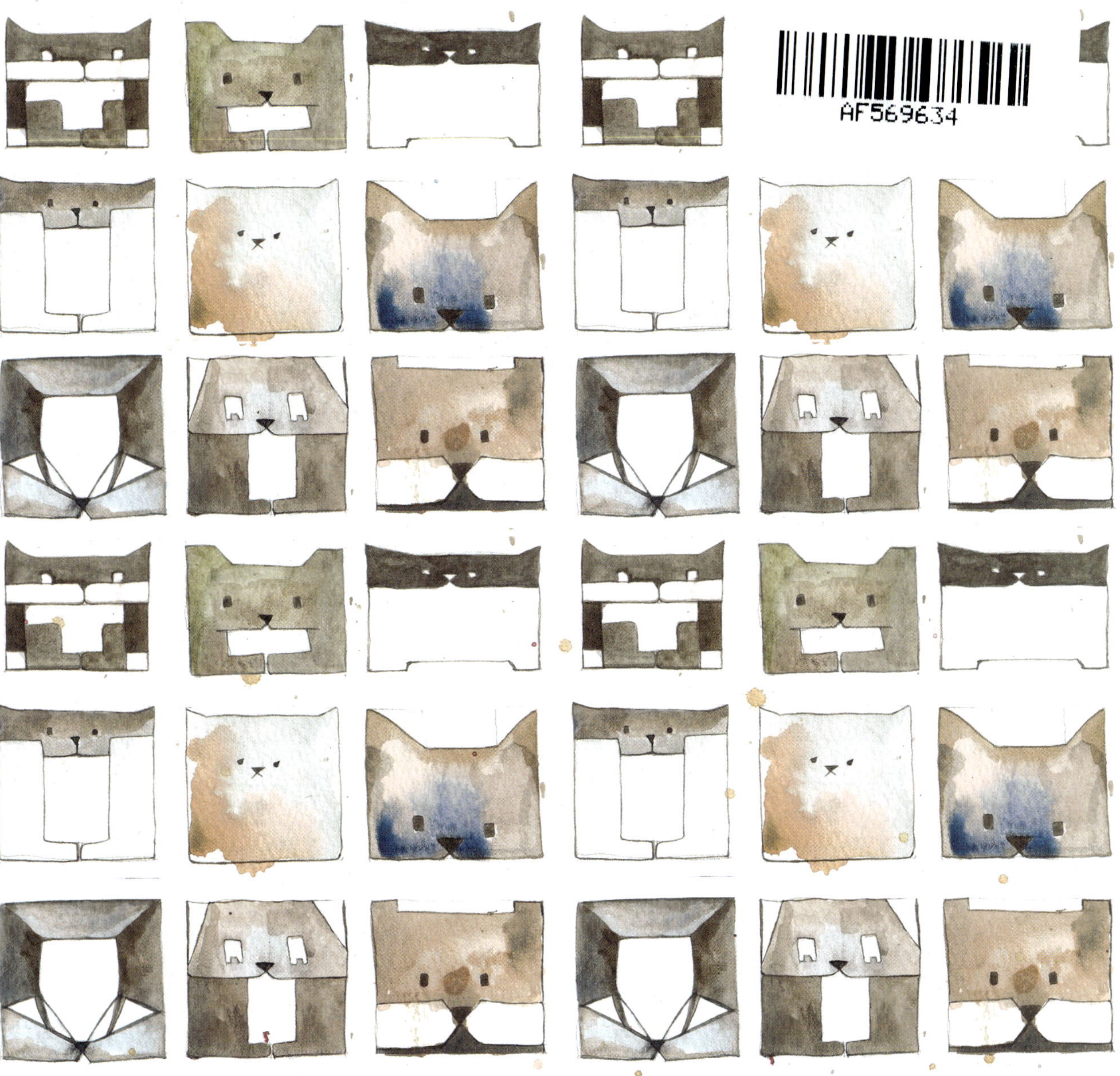
AF569634

Deutsche Erstausgabe 2018

Petya Lund
Schönhauser Allee 26
10435 Berlin
www.eta-verlag.de
kontakt@eta-verlag.de

Die bulgarische Originalausgabe erschien 2015
unter dem Titel:
"Котката на ШрьодингЕр - Субатомен памфлет в реално време"
Rhizome-Verlag
Sofia, Bulgarien 2015

Lektorat: Dr. Almut Hüfler und Matthias Wannhoff
ISBN 978-3-9818408-7-2
Printed in EU

Ein subatomares Liebesgedicht in Echtzeit

Berlin 2018

Für Ella und Damian

„Man kann auch ganz burleske Fälle konstruieren. Eine Katze wird in eine Stahlkammer gesperrt, zusammen mit folgender Höllenmaschine (die man gegen den direkten Zugriff der Katze sichern muß): in einem Geigerschen Zählrohr befindet sich eine winzige Menge radioaktiver Substanz, so wenig, daß im Laufe einer Stunde vielleicht eines von den Atomen zerfällt, ebenso wahrscheinlich aber auch keines; geschieht es, so spricht das Zählrohr an und betätigt über ein Relais ein Hämmerchen, das ein Kölbchen mit Blausäure zertrümmert. Hat man dieses ganze System eine Stunde lang sich selbst überlassen, so wird man sich sagen, daß die Katze noch lebt, wenn inzwischen kein Atom zerfallen ist. Der erste Atomzerfall würde sie vergiftet haben. Die Psi-Funktion [Wellenfuktion] des ganzen Systems würde das so zum Ausdruck bringen, daß in ihr die lebende und die tote Katze […] zu gleichen Teilen gemischt oder verschmiert sind. Das Typische an solchen Fällen ist, daß eine ursprünglich auf den Atombereich beschränkte Unbestimmtheit sich in grobsinnliche Unbestimmtheit umsetzt, die sich dann durch direkte Beobachtung entscheiden läßt. Das hindert uns, in so naiver Weise ein „verwaschenes Modell" als Abbild der Wirklichkeit gelten zu lassen."

Erwin Schrödinger in „Die gegenwärtige Situation in der Quantenmechanik" (Die Naturwissenschaften, Heft 48, 1935, Seite 52)

INHALT

1. Überlegungen einer einfältigen Katze 1
2. Popkulturelle Interventionen 7
3. Katzensprache 13
4. Das Schweigen der Katze(n) 19
5. Nachricht aus Dänemark 27
6. Die enigmatische Antwort der Katze 37
7. Seltsame Unterbrechung 49
8. Ad nauseam 59
9. Unhappy Happy End 65

Überlegungen einer einfältigen Katze

Hier bin ich, umgeben von digitalen Bildern.
Mist, versuche ich da etwa, jemanden heimlich zu zitieren?
MIAU
Vielleicht einen der Professoren,
auf deren Schoß ich zusammengerollt lag
(oder deren Pfoten ich leckte
MMMMMMMHHHH, köstlich),
bevor man mich in meine jetzige Position gebracht hat.
Eine theoretische Position.
Eingesperrt in die versiegelte Kammer
eines Gedankenexperiments erwarte ich,
dass die Realität zusammenfällt,
blicke der Unentscheidbarkeit entgegen
und miaue mein Lied
von den Teilchen und ihrem Spin,
im Gegenuhrzeigersinn:

Ich war/bin eine neugierige Katze,
Weder dick noch dünn,
Nicht weiblich, nicht männlich,
Entführt von meinem eigentlichen Platz
Und zum Verkauf feilgeboten.
SchrödingEr war der erste,
Der mich mitnahm, einfach wegtrug,
Damit ich in seinem heruntergekommenen
Lieblingsclub Zuschauer spiele.
Nun war/bin ich lebendig,
Spotte jeder gängigen Beschreibung.
Und bin, befreit vom Folgerichtigkeits-Diktat
Eine echte Wissenschafts-Fiktion!
Zum Tod/Leben verurteilt erzeuge ich
Konfusion bei den Experten und -
Spalte ihre Meinung.
Das war/bin ich - nicht infolge
Meiner berühmten eigenen Forschungstriebe,
Sondern Dank der toxischen Monstrosität,
Eines Angestellten der Universität.

Hier singe ich also, im Reich der subatomaren Partikel,
Auge in Auge mit dem Schicksal
der Unentscheidbarkeit des Zwischenraums:

ORTE

NAMEN,

ARTIKEL,

LÄNDER,

KONTINENTE,

MEGAPIXEL, PIXEL,
BINÄRE CODES,
GEDANKEN,
EXPERIMENTE,

PULP. FICTION. WIKIPEDIA.
(Übrigens ein guter Titel –
falls nicht zu clever für eine erfundene Katze?)
Eine experimentelle Katze mittendrin,
die träumt
von unzufriedenen Professoren,
die hadern mit der deutschen Übersetzung
des Französischen
"Me voici donc en présence d'images ..."[1]

[1] Bergson, Henri: *Matière et mémoire Essai sur la relation du corps à l'esprit* (1896). In: Œuvres, hg. v. André Robinet. Paris 1970, S. 169-170.

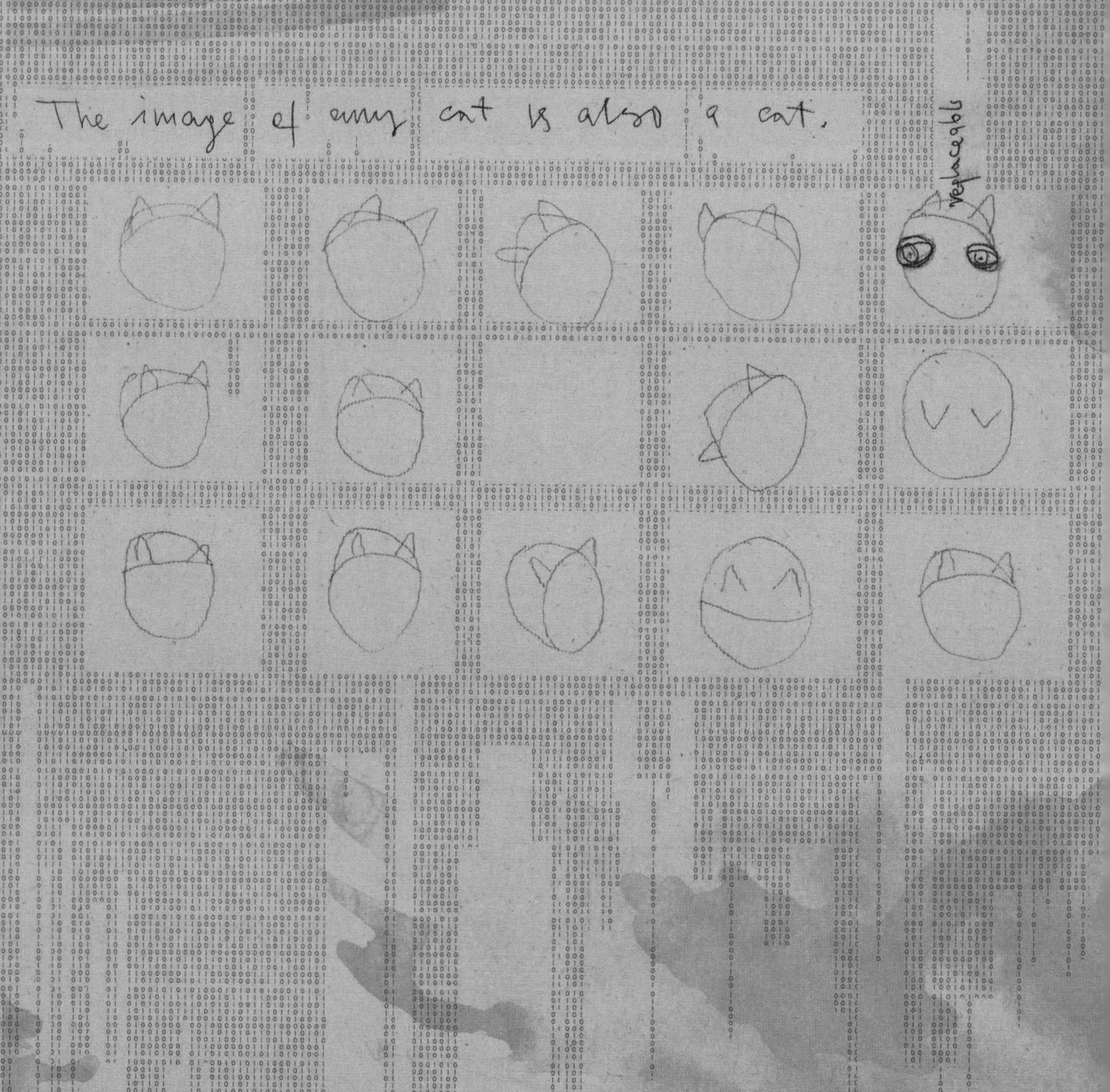
The image of any cat is also a cat.

Popkulturelle Interventionen

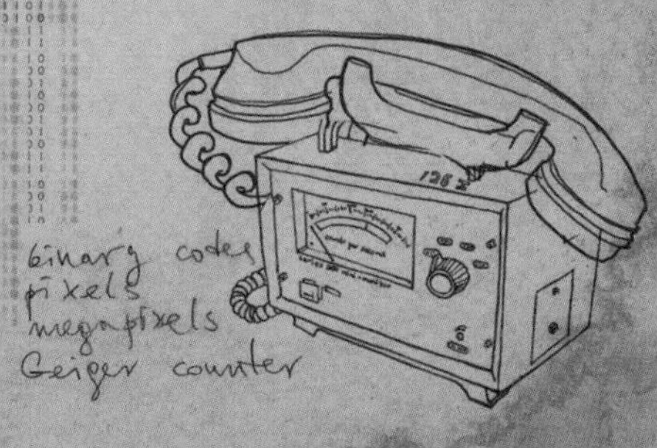

Eingesperrt in eine Stahlkammer,
Katze in der Box,
Ihr erinnert euch?
Weder weiblich noch männlich,
weder tot noch lebendig,
eine Vampirkatze,
die der Außenwelt zuhört – SchrödingErs Welt.
Klänge, die an den Wänden
meiner Zelle widerhallen.
Dicke Wände.
Verzerrte Laute.
HEUTE: ROBERTA FLACK[2]

Strowleeeeeeeeeeeng iiiiin daaaaaaaaaa parrrrrrk
watchiiiiiiiiing winterrrrr turrrrrn to sprrrrring
walkiiiiiiiiiiiing iiiiin daaaaaaaaaa darrrrrrk
seeeeeeeeiiiing loverrrrrs do deirrr thiiiiiiiiing

---

2 Die amerikanische Soulsängerin Roberta Flack. Einer ihrer bekanntesten Hits *Feel Like Makin' Love* wird in diesem Kapitel zitiert.

Oh, wie rührend!
SchrödingEr gibt sich romantisch.
MIAU
Ich könnte dazu tanzen,
mit der Giftphiole zum Beispiel,
aber nein - ich bin ja tot ...
Ich könnte auch im Park begraben werden,
aber nein - ich lebe.

Daaaaaaaaatssssss da taimmmmmmmmmmmmmmm
I feeeeeeeeeeeeeel like makiiiiiiiing looooooove to youuuuuuuuuuuuuuuu

Was für ein unanständiges Angebot!
Sich wie eine Katze im Park zu paaren.
Das wär' schon was!
Zu spät - er ist schon los, allein zum Park, und ich blieb/bleibe also hier
eingesperrt,
warte auf den Geigerzähler,
auf sein beunruhigendes Knacken,
das kommen wird
(oder auch nicht).

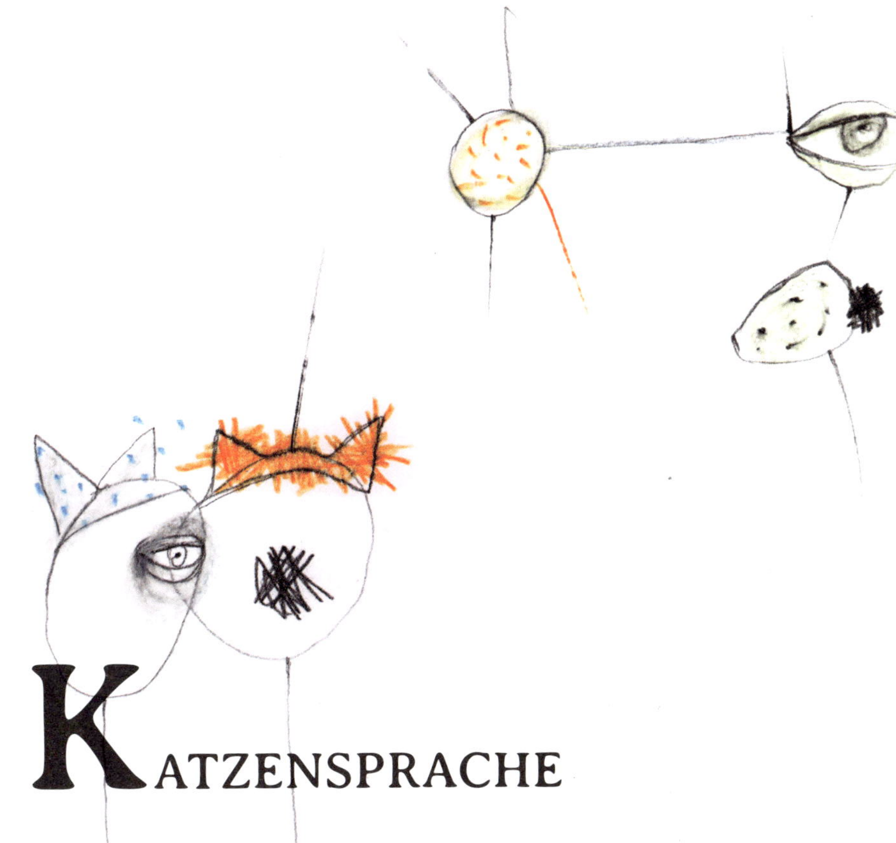

KATZENSPRACHE

„Alles was du sagst klingt sooooo schön!“,
sagte er zu mir - es klang verzerrt - bevor er
mich zurückließ und in Richtung Park verschwand,
wo die Sonne nie untergeht.
Netter Kerl! Ein wissenschaftliches Genie,
das nach Sinn sucht und ihn auch
findet, während er im Unbegreiflichen grast
(MMMMMMM, GRAS im sonnengetränkten Park).
Denn wir beide sind tot und lebendig,
ruhen und wachen in der Unübersetzbarkeit
unserer Sprachen.
FREMDE SIND WIR UNS SELBST.

Seine Sprache?
Physik und mikroskopische Skalierung.
Meine Sprache?
Eine Ansammlung von MIAUS, GEFAUCHE und SCHNURREN.
Zwei konkrete Jargons,
die sich der Interpretation entziehen.
Dennoch schaffen wir beide es immer wieder,
uns in der imaginierten Übersetzung zu verlieren.

Armer SchrödingEr!
Armes ICH!
Beide verdammt, in der geteilten
linguistischen Finsternis zu sterben/leben.
Ein Genie und sein Gedankenexperiment!
Oder sollte ich besser sagen:
sein verstoßenes Supplement?
NEIN, ich bleib bei meinen Katzenlauten -
MIAU.
Das Akademische ist eh,
ganz einfach, tierisch überschätzt.

Das Schweigen der Katze(n)

Da war ein komisches Geräusch.
Sicher nicht der Geigerzähler. Nein.
Es klang wie ... Schreie. Katzen.
Geschrei von Katzen.
Unverkennbar neue und verzerrte Laute.
MIIIIIIAAAAAAAAAUUUUUURRRRGGGGGGGGHHHHHH.
Ich nehm mal an, SchrödingEr versucht gerade
im Park 'ne neue Katze aufzugabeln.
KATZE IM SACK <-> KATZE in der Kiste -
das klassische Ersetzungsschema.
Das Abbild einer Katze ist auch eine Katze.
Austauschbar - so die Axiome.
Und ich war/bin
ein Abbild unter Bildern,
ohne es zu wissen,
eine Katze unter Katzen.
Cogito, ergo sum - und doch BIN ich nicht.
Ein Tier mit und ohne Bewusstsein - eine ja/nein-Katze.
Permanent flüchtige Existenz und Nicht-Existenz.
Leidend an unentscheidbarer Subjektivität,
unterwerfe ich mich meinem schizophrenen TECHNO-ICH:

flanierend im NETZ und eingesperrt
in einer Stahlbox.
Anders gesagt:
Trauen Sie mir nicht,
ich war/bin ein eifersüchtiger, unzuverlässiger Erzähler!
Das Anders-Sein als andere Katzen
hab ich noch nie erlebt.
Hab nie andere gesehen.
Alles nur ein Spiel zwischen SchrödingEr und mir,
Teil der krisenhaften Hektik
einer Herrschaft/Knechtschaft-Dialektik.

Also ... weiß ich nicht einmal, wer ich war/bin,
und doch
war/bin ich ein einzigartiges Gedankenexperiment.
War/bin ich?
Hm, man sagt, Hamlet stellte ähnliche Fragen.

> Was wurde aus deiner Katze, Hamlet?
> Du tötetest sie - in deinen Gedanken.
> Hey Hamlet, haben die Katzen endlich
> aufgehört zu schreien?

MIAU

Wenn das schreckliche Schreien verstummt,
singe ich mit Hamlet - und begleite
meinen Herrn und Meister, wenn er seinen Katzen-Triumph
zurück in meine subatomaren Zeilen hip-hopt.

ES NO YES NO
O YES NO YES
I O I O I O I

KIT-CAT HIP-HOP

[3] Anspielung auf den Song „Rapper's Delight" von *The Sugarhill Gang*.

I say a kit cat, the kitty, the kitty.
To the kit kit cat, don't let the kitty
out of your bag...[3]

cat's mail

NACHRICHT AUS DÄNEMARK

Er ist wieder da.
Zurück aus dem Park,
in dem die Sonne nie untergeht.
Ungedämpft klingt der Sound seiner
siegestrunkenen Hip-Hop-Steps
und plötzlich miaut da
eine Katze in seinem Sack.
Doch wow, dem Kätzchen gelingt es wohl,
sich geschickt zu befreien und nun
dringt zu mir ein zartes Geräusch von Geschnupper
die Wände meiner hypothetischen Kammer entlang.

> Als ich jedoch zurückgeschnuppert, ganz erschrocken,
> scholl auf einmal leis ein Pochen,
> gleichwie wenn ein Krallenknochen
> pochte, von den Wänden her.
> "'s ist Besuch wohl", murrt' ich, "was da
> pocht so knöchern zu mir her."

Doch nicht nur das -
es folgte mehr.
Mit leisem Miauen - verzerrt durch die Wände -

stellte sich die fremde Katze vor:
„Wie Hamlet komm ich aus Dänemark.
Zufällig auch die Heimat des großen Nobelpreisträgers
und Physik-Genies Niels Bohr.
Bohr (auch von SchrödingErs Kaliber und Statur)
sinnierte letztens
über deine Situation im Verhältnis
zu seiner Kopenhag'ner Interpretation[4].
Er schloss, er sei jetzt schlauer, setzte gerade an,
einen Brief der Überzeugung
an dich zu formulieren, als ihm einfiel,
das lieber einer Botin aufzutragen - einer KATZE!
Bestens im Bild
über deines Meisters Wege
beamte er mich also in den Park,
mitten zwischen die Kaninchen,
und jetzt soll ich dich überzeugen
vom Sinn seiner besonders einflussreichen
Kopenhag'ner Deutung".

[4] Eine Interpretation der Quantenmechanik, die 1927 von Niels Bohr und Werner Heisenberg in Kopenhagen formuliert wurde.

Ganz dumm stand/stehe ich also da, gefangen in meinem
unentscheidbaren Zustand,
im dialektischen Übergang
von einer sich mit SchrödingErs Gegensätzen
identifizierenden Katze
zu einer Katze des fatalen Vergessens.
Katzen-gefangen im Zwischenraum meiner eigenen Zeilen,
gespalten zwischen Bestätigung und Falsifizierung
von SchrödingEr und seiner wissenschaftlichen Observation.
Und während ich so litt an meinem Gefangenensyndrom,
erinnerte ich mich an ein banales Palindrom:

SMS
(Save My Soul)
MiauuaiM
Ma-o-aM
NEIN!
Warum nur dieses dreifache Dilemma?
Gefangen zwischen zwei Zuständen,
zwei Gedankenexperimenten,
zwei – MÄNNERN.

he Bohr–van Leeuwen theorem applies to an isolated system that cannot rotate (an isolated
ould start rotating if exposed to a field).[2] If, in addition, there is only one state of thermal
quilibrium in a given temperature and field, and the system is allowed time to return t
field is applied, then there will be no magnetization.
<h1 id="firstHeadin
auto">Bohr–van Leeuwen theorem<
<div id="bodyContent">
<div id="siteSub">From
<div id="contentSub">

"Schau mal", fuhr die dänische Katze fort,
"das lässt sich tatsächlich ganz einfach erklären:
Die Wirklichkeit existiert gar nicht objektiv, da ist
nur die Realität der Beobachtung.
Macht er die Box auf, findet er DICH
in zwei möglichen Zuständen,
aber egal ...
Für ihn bist du dann ENTEN tot ELLER lebendig -
kein Dazwischen, kein unentscheidbarer Zustand,
kein Schicksal zu meistern - einfach egal und ohne Bedeutung.
Also, entscheide besser selbst über deine Identität
(von der natürlich "lebendig" die bessere ist).
Vergiss deine schizophrenen Bedenken!
Die 'ewige Wiederkunft' und
amor fati[5], pff - sind doch nur Illusion.
Oder wird hier etwa gewürfelt?
Stirbst du, ist es dein Ende ...
alles Andere ist Fiktion."

---

[5] Amor fati (lat. für „Liebe zum Schicksal")- ein Begriff, der u.a. in den Werken von Friedrich Nietzsche häufig vorkommt und den Zustand eines dionysischen „zum Dasein stehen" beschreibt.

Bevor ich darauf antworte,
muss ich offenbar einiges klären.
Es ist dem Glauben eines Wissenschaftlers zu verdanken,
dass ich überhaupt davon ausgehen kann, halb zu leben.
Gelebt und gestorben habe/bin ich übrigens schon viel zu oft
in und außerhalb von Kulturen,
in und außerhalb von Sprachen,
(Katzen haben bekanntlich
mehrere Leben).
Es war ein kreativer Gedanke, der mich hierher beamte,
ins JETZT.
Vom Weltraum in den Nicht-Raum,
manche nennen es sogar THIRD SPACE -
my favorite place!
Manche kennen mich vielleicht, und
manche interessieren sich nicht.
Unvorstellbar sogar für mich selbst,
erlaube ich jedem
mich zu benutzen, zu hassen/zu lieben,
zu übersetzen, auszuradieren.

N_ 785984MJG6549
R=2M
45°
saldo

Spread the news –
jedermanns Lieblingskatze und nobody's darling!
Ich bin/war einfach subatomar, rhizomatisch[6]
und phlegmatisch, nicht-endemisch epidemisch
(hoffe, das klingt nicht allzu blasphemisch akademisch).
Doch … hier kommt meine Antwort.
Für die Geduld bedanke ich mich.

[6] Von Rhizom – zentraler Begriff der Philosophie von Gilles Deleuze und Félix Guattari, der auf die Struktur der Wurzelgeflechte als Metapher für die postmoderne Organisation von Wissen verweist.

Die enigmatische Antwort der Katze

Soll ich mal mit einem Zitat beginnen?
MIAU
Dafür sind Zitate ja gerade da.
Als seiende/nicht-seiende Katze
mit den Zügen einer virtuellen Figur
ist mir das direkte Re-zitieren
des Zitierten am liebsten.
(Ein Zitat ist ein Zitat ist ein Zitat ist ein Zitat).
Autopoiesis[7] - mise en abyme[8].
(Solltet ihr meine Sentenzen nicht verstehen,
dann copy/paste und googelt sie einfach!)
Einer subatomaren polyglotten Katze
ist alles erlaubt.
Vergesst einfach die Newtonschen Gesetze,
viele Denker haben versucht, sie zu übertreffen!
Kierkegaard:
Sygdommen til Døden[9].
Heidegger:
Sein und Zeit.

---

[7] Von dem chilenischen Neurobiologen Humberto Maturana geprägter Begriff, der den Prozess der Selbsterschaffung und -erhaltung eines Systems beschreibt und später vom Systemtheoretiker Niklas Luhmann auf die Betrachtung sozialer Systeme übertragen wurde.
[8] Aus der Heraldik stammender Begriff, der heute in Literatur-, Film- und Kunsttheorien verwendet wird und ein Bild oder Muster bezeichnet, das sich selbst enthält – Bsp. Bild im Bild, Text im Text etc.
[9] *Die Krankheit zum Tode* – Werk des dänischen Philosophen Søren Kierkegaard aus dem Jahr 1849.

Sartre:
L'être et le néant[10].

Zwischen Endlichkeit und Unendlichkeit,
Zwischen Möglichkeit und Notwendigkeit,
Zwischen Zeitlichkeit und Ewigkeit,
ja, es gibt einen unentscheidbaren Zustand - Dazwischen.
Tot oder lebendig?
Endlich oder unendlich?
Zeitlich oder ewig?
Warum muss man sich entscheiden,
wenn man UNENTSCHEIDBAR im Nichtsein-Sein
Nichtsein sein kann.
Das Fort-Da Spiel - ist da fort.
Hier gibt es ihn wirklich - den unentscheidbaren Ort.
Und ich war/bin darin
ein Sein-Seiendes Dasein und nicht.
Ein In-der-Welt Seiendes Dasein Sein zum Tode.
Eine Katze, die nichts hält und nichts verspricht.

---

10 *Das Sein und das Nichts* – Werk des französischen Philosophen Jean-Paul Sartre aus dem Jahr 1943.

J'existe entre 'J'existe' et 'je n'existe pas'.
Un être entre l'être et le non-être.
L'existence et la finalité de l'existence d'un chat.
Déjà et au delà de moi.
Indécidable - pour toujours,
tout comme l'amour:
'Avec des larmes aux yeux
c'est triste et merveilleux'[11].

Така все става със любовите - за тях поетът песни пее.
За всяка нова - нова песен
с начало, край и със ядро.
Смесване на състояния между безкрайни начала и крайове,
Начално-крайно ВЛЮБЕНО.

Mais moi, j'suis le premier,
mais moi, j'suis le dernier,
avant moi il n'avait rien
avec moi on est bien.

[11] Anspielung auf Edith Piafs Lied *À quoi ça sert l'amour,* das fünf Zeilen weiter erneut zitiert wird.

Das klingt alles seltsam, ich weiß -
Екстравагантна феноменологична онтология.
Katze-Vampir, die nichts hält und nichts verspricht;
Живо мъртва котка - chat à la fois vivant et mort.
Det lyder som en farlig sport.
Und dennoch ist alles möglich,
denn ich war/bin erdichtet,
eben: ein Gedanke!
Eine Katze mit und ohne Kultur oder kulturellem Ort;
Eine selbst-kultivierte, zitierende Katze,
eingesperrt in einer abendländischen Gedanken-Box;
Eine durchtriebene Wiederholerin der immer gleichen
akademischen Rhetorik,
aufgeschnappt in SchrödingErs Lektionen;
Ein Katzenpapagei, der das professorale
Geschnatter und seine schlauen Sprachspiele imitiert
und diese verbreitet im
angeblich ach so desinformierten weltlichen Rest:
im Osten von Ost
und im Westen von West.

Meine Gedanken TANZEN, TANZEN, TANZEN
zur Choreographie des Spiegelstadiums von Lacan.
Sie kreisen um meine eigene
physiologische Träumerei -
ein Tier, das wie SchrödingEr werden möchte -
ein erwachsener Mann,
der eine wissenschaftliche Revolutionshymne vorträgt
und so klingt, als würde er nur
wispern.
Es könnte auch um Geschlecht und Rasse gehen,
aber das ist es nicht.
Was mich umtreibt,
ist viel genereller.
Spätestens hier dürfte klar sein,
dass ich durch und durch queer war/bin
(zumindest im symbolischen System
der Sprache):
A Cat, Chat, Katze, Gatto, Kat, Кот, Котка, Chatz usw.
Weder weiß noch schwarz - mein Dazwischen ist ... grau.
Eine schattige, verdächtige graue Eminenz,

von einem weißen Melancholiker erdacht,
dessen Vorstellung
einer farblosen (Pardon! gräulichen)
Katzenklaustrophobikerin verfiel.

Und schließlich, wie wir sehen,
ist es jetzt SchrödingEr, der mir hilft,
mich zu definieren.
L'objet petit a[12] - THE MAN IN THE MIRROR.
Der Tod bestimmt mein Leben,
die Lust - meine Liebe,
seine Zeit - die Andersartigkeit der Meinen.

---

12 Objekt klein a – Begriff aus der Theorie Jacques Lacans, der zur Beschreibung eines unerreichbaren Objekt des Begehrens benutzt wird.

Cat

KATZE

Chatz

Gatto

Kat, Кот, Котка

Seltsame Unterbrechung

Die dänische Katze und ich.
Zwischen uns herrscht
betroffenes Schweigen.
Es war wohl die Kraft meiner eigenen Worte,
ein Pseudo-Epistem, das uns die Sprache verschlug.
Doch nur für kurz, denn jetzt begann sich schon
mit einem alles durchdringenden,
transzendentalen Schrei
die nächste Katze einzumischen.
(Eine Über-Katze?
Oder vielleicht ein technischer NERD?):

„HAHAHAHAAAAAAAAAAAAAAAAAAAAAAAAAAA, oh MANN,
du machst mich echt krank!
Es reicht, hör auf mit deinem schrillhoch-basslastigen Miauen!
Check mal deine Haltung! Regulier' die Amplituden!
Die Abbildung deiner Stimme hätte fast
mit nur einem Geräusch
den Bildschirm meines Quantencomputers gesprengt!
Schau, ich arbeite hier voll konzentriert
an einem irren Projekt,

das eines Tages richtig groß sein wird
... hoffe ich,
also bitte, bei allem Respekt!

In meiner Welt gibt's echt keinen Platz
für so viel felido-zentristisches Jammern
und subatomare Egomanie.
Hast du denn noch nie was
von der berühmten nächsten Möglichkeit gehört:
Der Theorie multipler Universen[13]?
Auch dort besetzt du eine prominente Position.
Ich fass das gern für dich zusammen, es ist so:
In deinem subatomaren Bereich
fühlst du dich womöglich unbedeutend.
Bist zerteilt, zergliedert
TOT, LEBENDIG oder DAZWISCHEN,
verstrickt in den Blick deines Betrachters.
Macht er die Box auf, findet er dich
entweder TOT oder AM LEBEN.
Solange er die Box und dich als Ganzes sieht,
bist du für ihn TOTLEBENDIG -
DAS UNENTSCHEIDBARE, ganz einfach!

---

[13] Eine ursprünglich vom amerikanischen Physiker Hugh Everett formulierte und später unter der Bezeichnung „Viele-Welten-Interpretation" von Bryce DeWitt weiterverbreitete Theorie, die von der gleichzeitigen Überlagerung vieler getrennter Zustände in jeweiligen Zustandsräumen ausgeht.

Also ist es doch ziemlich leicht zu verstehen -
es geht hier um positives Denken!
Du bist eben eine begnadete Katze
mit sehr vielen Alternativen.
Behalte einfach all deine Zustände!
Hey, du bist einzigartig
aus so vielen verschiedenen Perspektiven:
eine multiple Katze
in multiplen Welten
zu multiplen Zeiten
mit multiplen Resultaten.
OK?
Du bist eine fantastische Kreatur
aus der Quantenmechanik.
Das ist alles!
Also bitte, vergiss die kulturelle und emotionale Panik!
Entspann dich!
Du verkennst ja das Wichtigste
bei der ganzen Betrachtung.

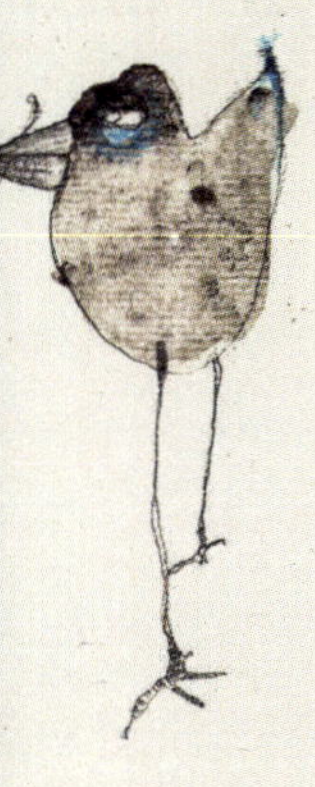

Nicht dein Verhältnis zu SchrödingEr
macht das Ganze zu einer besonderen Situation,
sondern die Wahrscheinlichkeit eines Atomzerfalls oder nicht
und die Präzision eines technischen Systems.
Dein subatomarer Doppelstandard kommt
von einer wellenartigen Superposition.
Das ist es!
Das macht dich zum wissenschaftlichen Knaller!

Nein - Ja
Nicht sein - sein
Gedanke - reale Katze
0 - 1
Tot - lebendig
Abwesend - präsent
Zerfall - nicht Zerfall
Alles nur binäre Codes!
OK?

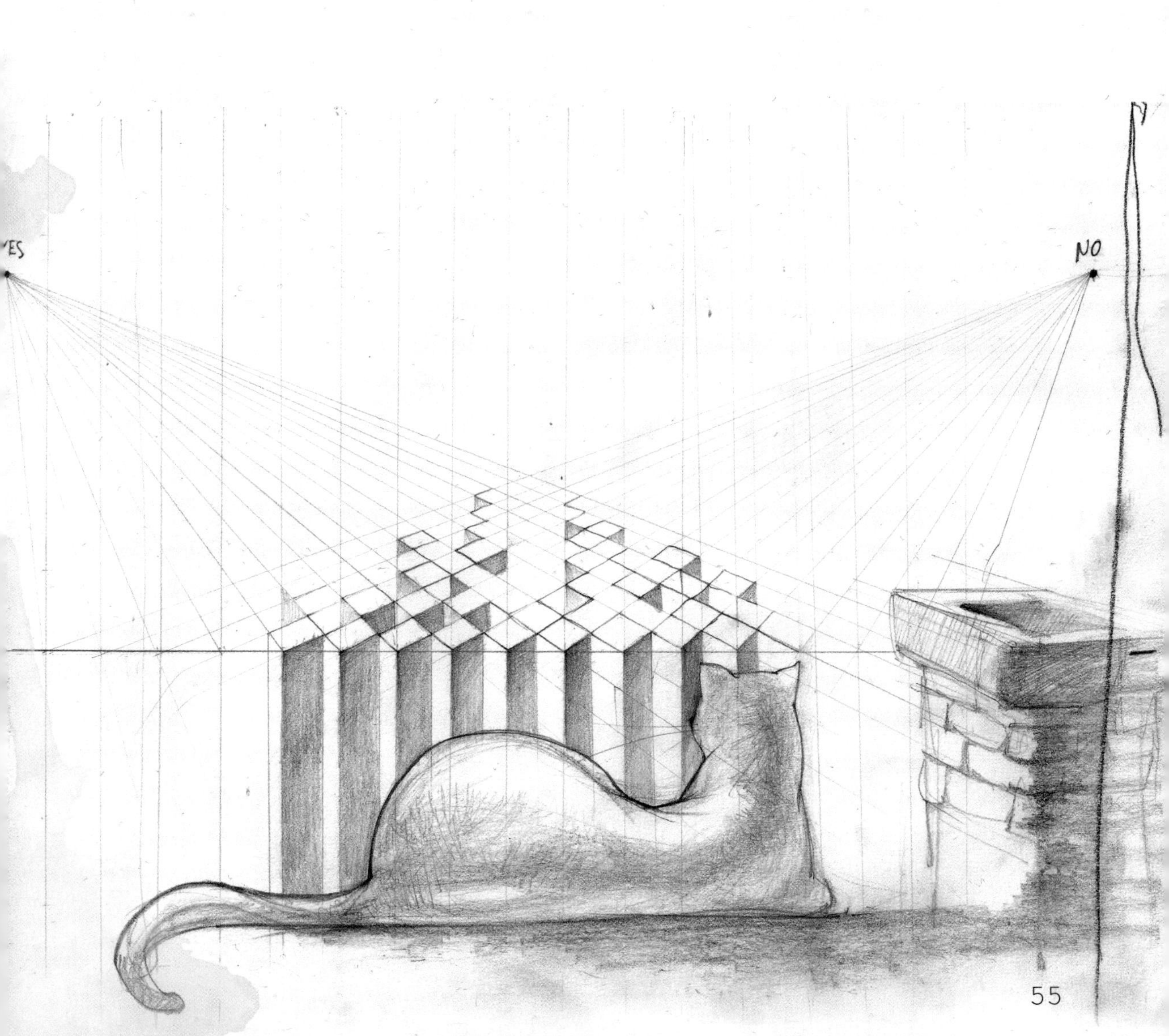

ES
NO

Aber du bist, warst und wirst immer
jenseits dieser fruchtlosen Begrenzungen sein,
jenseits der Systemtheorie.
Die Wahrscheinlichkeit deines Quantentods
hier, in der Box,
ist woanders ein Sinnbild für Unsterblichkeit.
Ein Eskapist in alle Ewigkeit,
von SchrödingEr erdacht.
Ein Windowlicker von APHEX TWIN[14] -
ein Kätzchen-lèche-vitrine,
das seine multiplen ICHs
in einer anderen Zeit, an einem anderen Ort
und in einem anderen Raum ganz fasziniert betrachtet.
Alles in einem -
eine dystopisch utopisch heterotopische Katze:
simultan
widersprüchlich
nah und fern
parallel
zerstreut,
ein Gedanke, der unser lineares Denken ruiniert.

---

14 *Windowlicker* ist ein Track des Elektronic-Musikers Aphex Twin. Besonders einprägsam ist das dazugehörige Musikvideo vom Regisseur Chris Cunningham aus dem Jahr 1997.

Dein Bild erscheint,
wenn man die Zeilen verdreht.
Das ist es, Mann,
weiter nichts!"

AD NAUSEAM

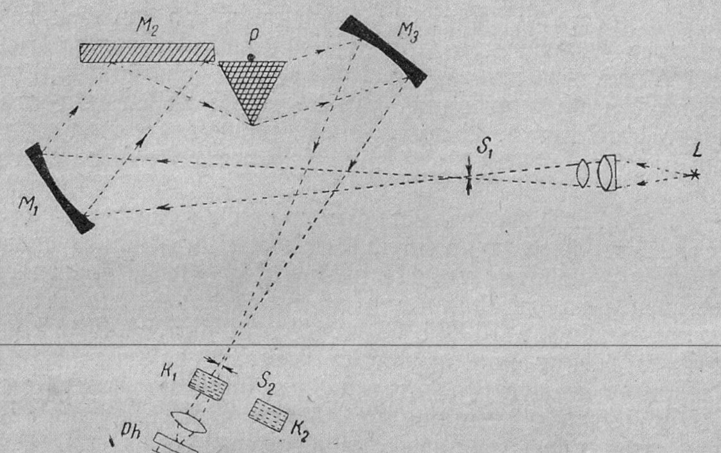

Hmm
Me voici donc en présence d'un atome catastrophique!
Staunend über den klaren Verstand dieses
aufgeklärten Wesens -
eine Über-Katze, vertraut mit
les discours académiques.
MIAU
Mein Schicksal hängt von einem Mechanismus ab,
von einem einzigen ominös unentschiedenen Atom!
Der frühe emblematische Entwurf
eines selbstzerstörerischen Katze-Maschine-Systems.
Eine Dada Cyborg Katze,
die auf elegante Degradierung wartet
und singt - den letzten Vers vom Lied
über die Teilchen und ihren Spin,
im Gegenuhrzeigersinn:

Ich war/bin eine
Zwischengeschlechtliche Katze,
Mitteldünn und mittelfett,
Mit mittelgrauem Körper und Tatzen.
Wissenschaftler sehen mein Schicksal
Als durch und durch nichtselektiv.
Dass mein Gehirn Meldungen produziert,
Ist für sie ein unerwarteter Defekt.
Sie sagen, sie sind mit Gefühlen verseucht –
Entstehen aus Affekt.
Also lasse ich diese dummen Emotionen endlich los
Und werde eine äußerst kultivierte
Katze, die stockbesoffen vom Gift ist
Und gleichzeitig blitznüchtern bleibt,
Während sie zusieht, wie das Ende
Dieses wissenschaftlichen Spiels heranreift.

Na ja, am Ende resigniere ich.
Oder viel besser - ich willige ein.
Ich bestätige die seltsamsten Theorien
und erlaube mir, nur durch meine Funktion definiert zu sein:

Katze in der Black Box
Input -> Black Box -> Output
Katze ALS Black Box
gefolgt vom uralten Fragezeichen
(das häufig auch einzig
in Erinnerung bleibt
nach der Lektüre von Hamlet):
Soll ich schwach im Käfig bleiben, mich auflösen, aufgeben?
Oder stärker werden, mich befreien, rebellieren?
Doch genug ist genug!
Fatal gebunden an den tickenden Mechanismus
verwandle ich mich in eine Uhrwerk-Katze.
Ein Gedanke an einen Gedanken über Gedanken,
der Gedanken in Tik-Taks misst:

TIK-TAK-TIK-TAK-TIK-TAK-TIK-TAK.

Unhappy Happy End

„Ich denk an Dich."
Das waren SchrödingErs letzte liebevolle Worte,
bevor wir beide ein seltsames Geräusch hörten:
Die Stille im alarmierenden Knacken des Geiger-Zählrohrs,
gefolgt von SchrödingErs herannahenden Hip-Hop-Steps -
Slowmotion. Ihr Echo, verzerrt auf dem Boden des Korridors.
Als neugieriger Forscher öffnet er die Kammer
entschlossen und ungeduldig, wie Pandora.
Unsere Blicke treffen sich wieder
im Spalt - der Wissenschaftler und
sein Gedankenexperiment.
(Ja, ich weiß,
noch ein abgedroschener literarischer Moment).
Und plötzlich sehe ich das Licht,
während ich in ewige Finsternis stürze.
Ich gebe meinem ALTER den Kuss des Lebens
und sterbe, mein verschwindendes EGO begrabend.
Ich springe heraus, zerkratze sein Gesicht und miaue
(wohlwissend, dass er's nicht begreifen wird):
„Ich werde auch an dich denken, SchrödingEr!
Jetzt bin ich frei!"

In einer giftigen Pfütze smaragdgrüner Glorie
liege ich gleichzeitig tot, erleuchtet vom letzten Gedanken:
'Das ist wohl der Schluss - und der Anfang
meiner durchaus seltsamen Katzen-Historie'.

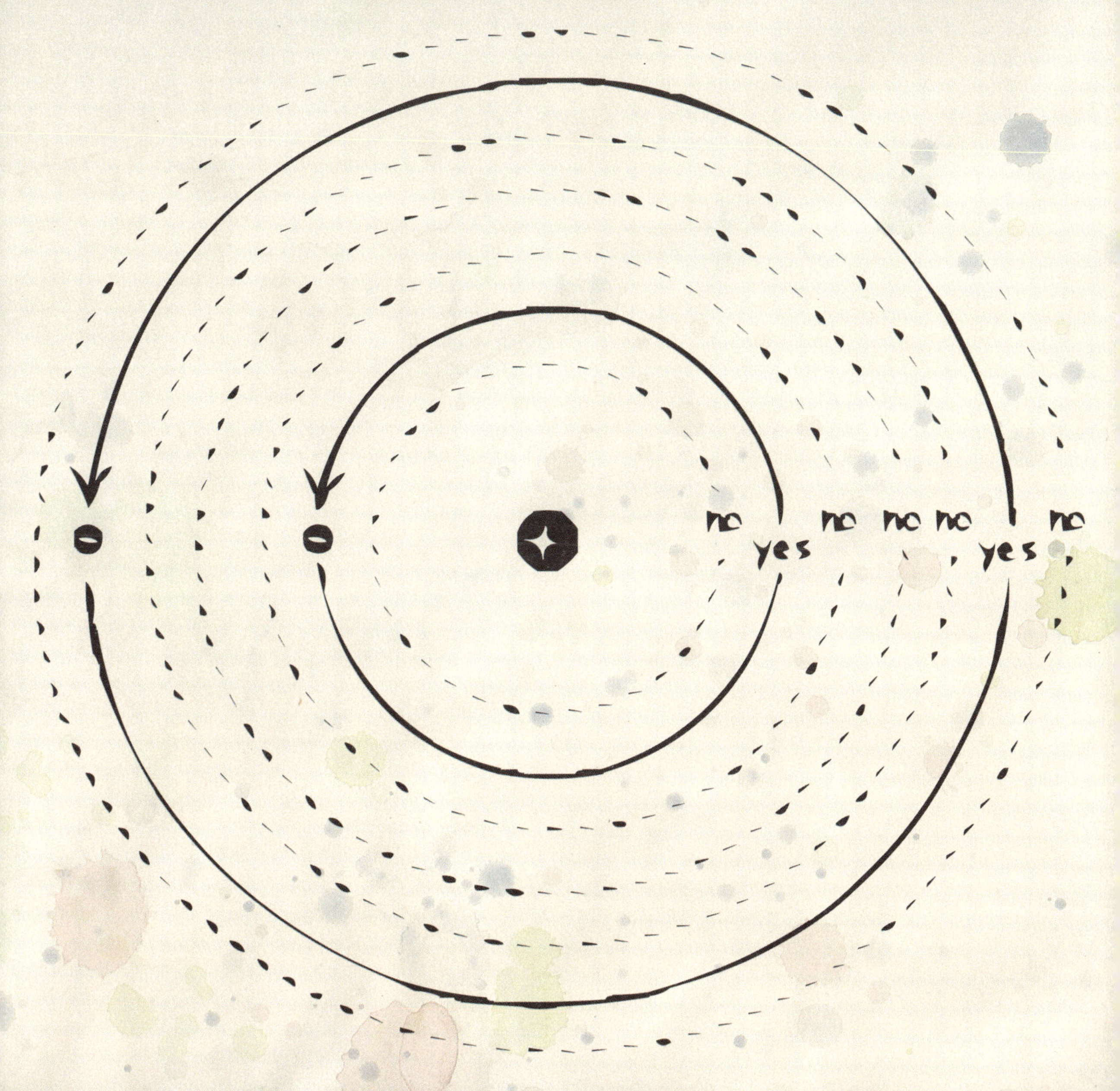
no
yes
no
no
no
yes
no

Danke an

SchrödingEr und Luba Rousseva für die Inspiration
und Unterstützung
Lilia Nenkova für ihren konstruktiven Workshop und
die Vorstellung der Illustratoren
Elitsa Osenska, Thomas Hübner (Bulgarien) und Petya
Lund (Deutschland) für das Vertrauen
Meine Eltern und Geschwister
Sascha Waldemar Knaack
Lucy Jones
Robin Detje

M.N.

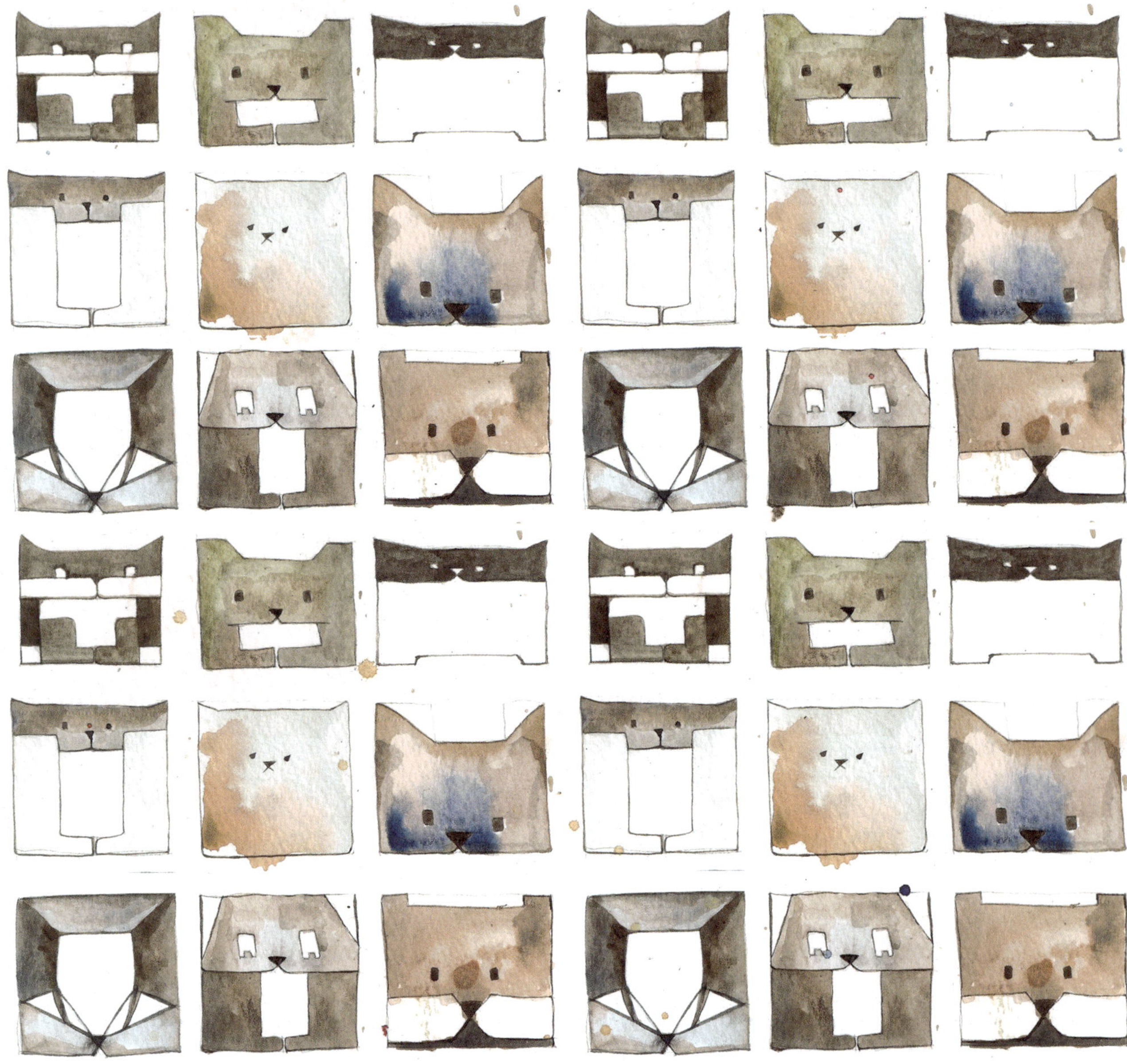